Ich bin froh –
seid ihr es auch!

JOHANNES PAUL II.

Ich bin froh – seid ihr es auch!

DAS TESTAMENT

herausgegeben von
Bernhard Meuser

PATTLOCH

Einführung

Bernhard Meuser

Er wollte sich mit Gewalt mitteilen, hatte durch Gesten nach Papier und einem Stift verlangt. Sprechen konnte der Papst schon seit Tagen nicht mehr, obwohl er verzweifelt versucht hatte, sich den Zehntausenden verständlich zu machen, die auf dem Petersplatz warteten und vielleicht auf ein kleines Wunder der Genesung hofften. Seine engsten Vertrauten wussten, dass es bis zu seinem Tod vielleicht nur noch wenige Stunden waren. Kardinal Camillo Ruini hatte es den Massen mitgeteilt: „Er sieht und berührt schon den Herrn." So standen sie um sein Sterbebett: die beiden Sekretäre Dziwisz und Mokrzycki, Kardinal Jaworski, Erzbischof Rylko, Pfarrer Tyczen, die drei Schwestern, die ihn gepflegt hatten, und ihre Oberin Tobiana Sobodka. Er reichte ihnen den Zettel, und sie lasen, was der Sterbende ihnen in zwar krakeligen, aber dennoch deutlich erkennbaren Lettern sagen wollte: „Ich bin froh – seid ihr es auch!"

Die erschütternde Botschaft aus dem Sterbezimmer ging in Windeseile um die Welt und vermischte sich mit den anderen Botschaften der letzten Tage und Wochen zu einer einzigen unvergesslichen Lektion vom Leben und vom Sterben. Die Leidenden

und Kranken, Christen jedweder Couleur, Menschen anderer Religionen und solche, die gar nicht mehr wissen, was sie sind und wo sie nach dem Geheimnis Gottes und ihres Lebens suchen sollen – alle traf diese Lektion ins Herz: Man kann sterben, man kann in bitteren Schmerzen zerstört werden – und man kann gleichzeitig froh sein „Ich bin froh seid ihr es auch!“. Das war die Wahrheit seiner letzten Stunden. Auf dem Sterbebett lügt man nicht.

Der verstorbene Papst hat ungezählte Botschaften in die Welt hinausgesandt. Als Papst hat er 14 Enzykliken verfasst und etwa 2.500 Predigten gehalten. Er hat gesprochen, ob es gelegen oder ungelegen kam. Er hat in der Vollkraft seiner zunächst athletischen Physis Worte hinausgerufen und er hat sich, als ihm sein Körper die Gefolgschaft versagte, mit eisernem Willen Worte abgerungen – bis es an diesem denkwürdigen Ostersonntag des Jahres 2005 nur noch ein Röcheln statt der neun Worte des Ostersegens war.

Aber wohin seine Worte nicht gelangen konnten, dorthin kam sein Verstummen. Eine geheimnisvolle Paradoxie liegt über diesem Menschen Johannes Paul. Sie lautet: Da, wo er am schwächsten war, war er am stärksten. In der Stunde seiner größten Ohnmacht speiste er das Maximum an Energie in die Welt ein.

Das langsame Sterben des Papstes ereignete sich ausgerechnet in der Kar- und Osterwoche. Man kann sagen: Das war Zufall. Man kann aber auch sagen: Der in mystischer Verbundenheit mit Gott lebende Papst hat es durch sein Wünschen und Beten vielleicht ein Stück mit herbeigeführt. Man kann sogar sagen: Der Liebe Gott wollte es so, um uns verirrten Leuten in einer verwirrenden Zeit eine etwas stärkere Osterpredigt zu halten. Ich glaube an die letzte Version.

Die Tage vor und nach dem Osterfest gelten traditionell in der Christenheit als heilige Tage. In einem rituellen Prozess leben die Christen noch einmal den Leidensweg Christi und seine Auferstehung durch – vom triumphalen Einzug in Jerusalem am Palmsonntag, über das Letzte Abendmahl, die Gefangennahme am Ölberg, Haft, Verhör, Folter, Verurteilung, Kreuztragen, bis zum Tod am Kreuz und zur Auferstehung am Dritten Tag. Das berührt die

Menschen deshalb so tief, weil sie letztlich ihre eigene Leidensgeschichte, ihr eigenes Sterben, ihre eigene Hoffnung auf Auferstehung durchspielen. Auf geheimnisvolle Weise verschränkt sich die Geschichte Christi mit den Geschichten aller Menschen – auch mit meiner Geschichte. Die Energie, die Jahr für Jahr von den Ostermysterien ausgeht, wird erfahren als Entschränkung meines individuellen Leidens und Sterbens. Das bedeutet: Ich gehe hinein in dieses „rituelle Passionsspiel“, bin selbst ein Mitspieler. Ich werde vereinigt mit meinem leidenden Herrn. Er hält mich fest. Er trägt mich durch. Er schützt mich im Tod. Er reißt mich mit sich in neues, unvergängliches Leben. Darum ist Ostern in aller Welt ein Lichtanzünden, ein Jubeln, ein Singen und ein Tanzen auf den Gräbern. Acht Tage lang wird es in gleicher Intensität gefeiert. Natürlich sind wir noch nicht im Himmel, aber die Sonne bricht schon durch die Wolken. Wir leben in einem bittersüßen Zustand eines hereinbrechenden Neuen: Während wir noch weinen, ist schon die Freude da. In der Unruhe ist schon Frieden. In der Angst, sind wir schon erlöst. Und auf dem Sterbebett kann jeder sagen: „Ich bin froh – seid ihr es auch!“

Die Kar- und Osterwoche 2005 wird niemand je vergessen, der sie vor dem Bildschirm mitverfolgt hat. Wann in der Geschichte wurden die Ostermysterien intensiver begangen, als in diesen denkwürdi-

gen Tagen, da es schien, als habe sich die Welt in den Vorraum zum Sterbezimmer eines 84-jährigen, todkranken Mannes in Rom verwandelt? Dieser Papst hat 104 Reisen in alle Welt gemacht und hat unendlich vieles bewegt. Unauslöschlich in die Herzen der Menschen hat sich Papst Johannes Paul II. aber in den letzten Tagen und Wochen geschrieben, als er sich, vom herannahenden Tod gezeichnet, nur noch zwischen seinem Bett, einem Lehnsessel und dem Fenster zum Petersplatz bewegen konnte, um dort sein Todesleiden öffentlich zu machen. Manche fanden das obszön und stellten die bösen Medien deshalb an den Pranger. Nein – die Medien waren es nicht. Es war der Papst selbst, der es so wollte. Er wollte sein Sterben veröffentlichen. Und als man dies zur Kenntnis genommen hatte, wurde die Kritik noch eine Spur heftiger. Einige sagten: Was für ein starrsinniger alter Mann! Er gehört auf die Intensivstation! Soll er sich doch in ein Altenheim zurückziehen und still und in Würde sterben! Vielleicht dachten sie sogar: Dieser Medienpapst, der in der Menge badete, dieser applausgierige „Megastar" – kann er nicht einmal im Tod genug davon bekommen? Bezeichnenderweise kam solche Kritik vor allem von grauköpfigen, innerkirchlichen Opponenten, die ihr missmutiges Räsonnement nicht einmal im Augenblick des Todes einstellen mochten.

Mit den Gefühlen der Menschen – vor allem der alten, kranken und jungen Menschen – hatte das nichts zu tun. Die verstanden instinktiv, warum sich der Papst gerade jetzt nicht zurückziehen konnte. Schon 1980 hatte der Papst in seinem Testament geschrieben: „Er (der Herr) wird entscheiden, wann und wie ich mein irdisches Leben und den Hirtendienst beenden soll."

Manche hielten Stunden, ja Tage unter dem Fenster aus, um dem Sterbenden nahe zu sein, der ohne

INRI

Stimme, nur noch mit zitternden Segensgesten, seine Liebe zu den Menschen zum Ausdruck brachte. Dass vor allem junge Menschen in seinen letzten Stunden zu ihm kamen, rührte den Sterbenden zutiefst. Die um sein Sterbebett herumstanden, lasen ihm eine letzte Botschaft an die Jugend von den Lippen ab. „Ich habe nach euch gesucht. Jetzt seid ihr zu mir gekommen. Und ich danke euch".

Der „Diener der Diener Gottes" – so ein alter Ehrenname für den Papst – wollte nach dem Vorbild Christi allen alles werden. Und so wurde er zuletzt noch den Leidenden und Kranken ein Leidender und Kranker. Der Papst trat nicht ab, zog sich bis zum letzten Atemzug nicht zurück. In den testamentarischen Überlegungen aus dem Jahr 2000 erinnert sich Papst Johannes Paul II. noch einmal an das Attentat im Jahr 1981. Die göttliche Barmherzigkeit habe ihn „auf wunderbare Weise vor dem Tod bewahrt. Er, der einzige Herr des Lebens und des Todes, hat mir dieses Leben verlängert, in gewisser Weise hat er es mir neu geschenkt. Seit diesem Augenblick gehört es ihm noch mehr." Er ließ sich enteignen. Sein Dienst kostete ihn das Leben. Er wollte zum Zeichen der unverbrüchlichen Treue Gottes werden, einer durch nichts zu brechenden Treue, die alle Passionsgeschichten der Erde ins Licht der österlichen Auferstehungshoffnung rückt. „Ich biete euch meine Leiden an, damit das Projekt Gottes verwirklicht werden kann und

damit sein Wort einen Weg zu den Menschen finden kann", hatte der Papst die Gläubigen am Karfreitag 2005 wissen lassen.

„Ich biete euch meine Leiden an ...". Ein ungeheuerlicher Satz. Eine einzige Provokation. Wie kann ein Mensch so etwas sagen? Hybris eines Umjubelten, dem die Maßstäbe abhanden gekommen waren? Nichts davon. Es ist die Essenz des Christlichen, wenn man das Evangelium Christi den Sofaschwätzern entreißt. Man soll immer daran denken, woher dieser Papst kam. Aus einem Land nämlich, in dem Menschen zu Märtyrern wurden, weil sie den Glauben an Gott über alles stellten, selbst über ihre Freiheit, selbst über ihr Leben. Vielleicht ist das der tiefste Impuls dieses Mannes: Ich biete euch mein Leben an, damit ihr glaubt! Ich gebe alles, wie Christus alles gab. Ich bin bereit mit meinem Herrn zu sterben, damit ihr euch für Gott und seine Sache gewinnen lasst. Damit ihr glaubt, dass alles gut wird. „Immer tragen wir das Todesleiden Jesu an unserem Leib, damit auch das Leben Jesu an unserem Leib sichtbar wird", hatte Paulus (2 Kor 4,10) geschrieben, dessen Name sich Kardinal Karol Wojtyla als Papstnamen erwählt hatte.

Sein Palmsonntag begann im Jahre 1978: ein triumphaler Beginn! Der Mann, den sie „Marathonmann Gottes" nennen sollten, sprang in die übergroße Bürde des Petrusamtes, als habe er die allergrößte Lust darauf. Die Herzen flogen ihm nur so zu. Er wurde umjubelt. Die Welt schrie Hosianna. Ob der Papst damals schon ahnte, dass er einmal wie sein historischer Vorgänger Petrus geführt werde, „wohin du nicht willst“ (Joh 21,18)? Ahnte er, wie brutal er eines Tages lernen würde, „dass das Übermaß der Kraft von Gott und nicht von uns kommt“ (2 Kor 4,7)? Wann hat Papst Johannes Paul II. gespürt, dass sein triumphaler Einzug in die Stadt nach Golgotha

führen würde? Damals, 1981, als der Attentäter Ali Agca im Auftrag östlicher Geheimdienste auf ihn schoss, ihn zwar nicht töten konnte, ihn aber für immer krank machen sollte? Ali Agca wurde nicht sein Judas. Ihm hatte er verziehen. Der Killer, der ihn ermorden sollte, wünschte sich im April 2005 nichts sehnlicher, als an seinem Begräbnis teilzunehmen.

Als Verrat hat der verstorbene Papst den massenhaften Abfall des Westens vom Glauben empfunden, den seine herkulischen Kräfte auch nicht im Ansatz aufhalten konnten. Als Verrat hat er die Lauheit der eigenen Leute empfunden, den Zynismus des westlichen, nicht selten „christlich" garnierten Kapitalismus, der tatenlos zuschaut, wie die Armen dieser Erde vor die Hunde gehen, es sogar sehenden Auges betreiben. Das hat ihn tödlich getroffen. Das lachende Siegerlächeln verschwand von seiner Physiognomie. Und eine andere, mystische Gewissheit ergriff ihn Stück um Stück. Der Kelch sollte nicht an ihm vorübergehen. Irgendwann in den achtziger Jahren des vorigen Jahrhunderts hat Johannes Paul verstanden, dass von ihm verlangt wurde, nach dem Kreuz zu greifen.

Seit damals wünschte er sich nichts sehnlicher, als dass es ihm durch seine Gleichförmigkeit mit Christus im Leiden noch einmal gelingen könnte, ein Stück dazu beizutragen, dass sich auf der Erde ein neues Feuer für Gott entzündet. Das war die Zeit, als die Theologen vom Tod Gottes redeten und wortreich der „Abschied vom Christentum" verkündet wurde. Als er im Jahr 2005 starb, hatte sich die Zahl katholischer Christen von 700 Millionen im Jahr 1978 auf eine Milliarde und 60 Millionen Menschen erhöht. Als er starb, gab ihm eine neue Generation von jungen Christen die Gewissheit mit auf den letzten Weg, dass die Sache Jesu gegen alle Hoffnung auferstand und das Christentum weltweit vor einer neuen Morgenröte steht.

Am Abend des 2. April 2005, gegen 21.00 Uhr, wurde ihm noch einmal die Krankensalbung erteilt. Ein Priester überreichte ihm die Heilige Kommunion, das Zeichen der Vereinigung mit seinem geliebten Herrn. Darauf, so beschrieb es der polnische Priester Jarek Cielicki, habe der Papst seine Augen zum Fenster gerichtet, das auf den Petersplatz hinausführt. Er habe seine rechte Hand erhoben, als wolle er diese neue Generation junger und alter Christen noch einmal segnen. Dann habe er mit großer Mühe das Wort „Amen" gesprochen, die uralte Formel letzter Einwilligung in die unerforschlichen Wege Gottes. „Einen Augenblick später starb er", sagte Cielicki.

Seine letzte Predigt war stumm. Aber die Welt verstand sie. Im Kontext einer vaterlosen Gesellschaft, einer vaterlosen Welt, wuchs allen Menschen guten Willens der so schmerzlich vermisste

Vater zu – ein Mensch, der paternitas, Väterlichkeit, neu für das 21. Jahrhundert definierte. Gestorben ist nicht irgendein Kirchenführer – gestorben ist der Mann, der quer über die Konfessionen, ja sogar die Religionen hinweg die Vatergestalt schlechthin war.

Am 7. April 2005 öffneten die Kardinäle das persönliche Testament des Papstes. Zur Überraschung vieler enthielt es nicht nur formelle Verfügungen, sondern gewährte einen tiefen Einblick in die Seele des Papstes und sein Vertrauen auf Gottes Führung.

Zusammen mit den Bildern und Worten aus seinen letzten Erdentagen ergibt sich ein Vermächtnis, an dessen Erfüllung sich Millionen von Christen in aller Welt begeben werden.

Eigentum hinterlässt der Papst nicht. Seine Notizen sollten verbrannt werden. Seinem Wunsch gemäß wurde der Papst aus Polen nicht in einen Marmorsarkophag, sondern in die Erde unter dem Petersdom gelegt. Er bat um Heilige Messen und Gebete nach seinem Tod.

Ich biete euch meine Leiden an,
damit das Projekt Gottes
verwirklicht werden kann
und damit sein Wort einen Weg
zu den Menschen finden kann.

Botschaft des Papstes
am Karfreitag 2005

Ich habe nach euch gesucht.
Jetzt seid ihr zu mir gekommen.
Und ich danke euch.

31. März 2005,
Botschaft des Papstes
an die Jugendlichen
auf dem Petersplatz,
von den Lippen
des sterbenden Papstes
abgelesen

Du bist ein Gedanke Gottes,
du bist ein Herzschlag Gottes.
Das zu sagen bedeutet,
dass du in gewissem Sinn
einen unendlichen Wert hast
und dass du für Gott
in deiner unwiederholbaren Individualität
so viel bedeutest.

23.9.2001,
vor Jugendlichen in Astana

Der Papst von Rom ist gekommen,
um euch zu sagen:

Es gibt einen Gott,
der euch erdacht
und euch das Leben geschenkt hat.
Er weckt in euch den Freiheitsdrang
und den Wissensdurst.
Erlaubt mir vor euch
mit Bescheidenheit und Stolz
den Glauben der Christen zu bekennen:
Jesus von Nazaret ...
Nur in der Begegnung mit ihm ...
findet der Mensch Selbstverwirklichung
und Glück in Fülle.

23.9.2001,
vor Jugendlichen in Astana

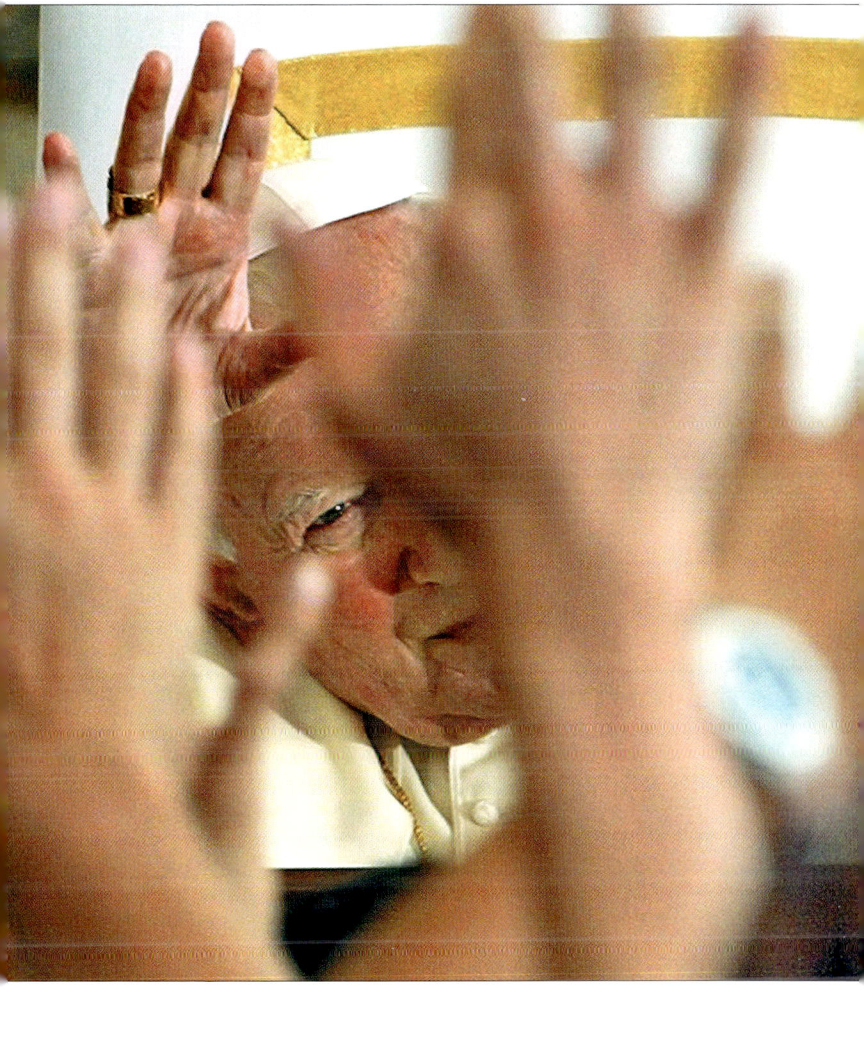

Nennt mich einfach Karol!

14. Januar 1995,
zu Jugendlichen in Manila

Nie wieder Krieg,
dieses ausweglose Abenteuer!
Nie wieder Krieg,
diese Spirale von Trauer und Gewalt;
nicht dieser Krieg im persischen Golf!

16. Januar 1991,
beim Ausbruch
des Golfkrieges

Liebe Kinder,
während ich an euch schreibe,
denke ich an die Zeit vor vielen Jahren,
als ich selbst ein Kind war wie ihr ...
Ein Mensch kann nicht ohne Liebe leben.

Gott liebt euch, liebe Kinder!

13. Dezember 1994,
Brief des Papstes
an die Kinder

Ihr Leben ist ein Zeugnis
für die Würde und
das Privileg demütigen Dienens.
Sie hatte sich entschieden
nicht nur die Letzte zu sein,
sondern sogar die Dienerin der Letzten.
Als eine wirkliche Mutter für die Armen
beugte sie sich hinunter zu denen,
die verschiedenste Arten
von Armut erleiden.
Ihre Größe liegt in der Fähigkeit zu geben,
ohne auf den Preis zu sehen,
zu geben bis es weh tut.

19. Oktober 2003,
bei der Seligsprechung
der mit ihm befreundeten
Ordensfrau aus Kalkutta

Abtreibung und Euthanasie
sind ... Verbrechen,
die für rechtmäßig zu erklären
sich kein menschliches Gesetz
anmaßen kann.

30 März 1995,
Enzyklika
„Evangelium vitae“

Als Gott uns schuf,
gab er uns mehr als eine Art,
miteinander zu sprechen.
Außer der Möglichkeit,
uns durch Sprache zu verständigen,
können wir uns auch
durch unseren Körper ausdrücken.
Gesten sind wie Worte,
die verraten, wer wir sind ...
Seinen Körper
einem anderen Menschen schenken,
symbolisiert das volle Sichschenken
an diesen Menschen.
Auch wenn ihr nicht verheiratet seid,
gebt ihr zu, dass sich eure Einstellung
in Zukunft vielleicht ändern könnte.

6. Februar 1993,
zu Jugendlichen in Kampala

Als ich Ali Agca
im Gefängnis besuchte,
sagte er zu mir:
„Ich verstehe nicht,
wie ein professioneller Killer wie ich,
der kein Ziel verfehlt,
Sie nicht getroffen hat!
Was war an diesem Tag
für ein Fest bei Ihnen?
Was war da los?“
Ich habe ihm gesagt,
dass es das Fest
unserer Lieben Frau von Fatima war.
Daraufhin sagte er:
„Dann ist sie es,
die sich dazwischengestellt hat!“
Ich verstehe dieses Zeichen im Glauben.

24. November 1993,
der Papst im Tischgespräch
mit Bischöfen

Es ist unsere Pflicht,
mit unseren Zeitgenossen
in der Geschichte Seite an Seite zu leben
und ihre Ängste und Hoffnungen
mit ihnen zu teilen ...
Ein Christ flüchtet sich nicht
in eine andere Dimension,
in der er die dramatischen Geschehnisse
unserer Zeit nicht beachtet
und Augen und Herz
vor den Ängsten des Lebens verschließt ...
Er ist bereit, dem Bruder beizustehen,
eine Träne zu trocknen
und eine Bitte um Hilfe zu erfüllen.
Danach werden wir gerichtet werden.

Weltjugendtag 2000 in Rom

Der Papst sagte Dinge wie
„Fürchtet euch nicht!
Verändert das Antlitz dieser Erde!“
20 Jahre lang hatte ich Leute gesucht,
um mit ihnen den Kommunismus
zu bekämpfen – ich fand zehn,
ein Jahr nach dem Besuch
hatte ich zehn Millionen.
Ohne dieses Erwachen
hätten wir noch 20 oder 50 Jahre
warten müssen, und der Kommunismus
wäre sicher blutig zu Ende gegangen.

Lech Walesa am 4. April 2005
über seinen väterlichen Freund
Johannes Paul II.

Jesus liebte die Kinder
und er bevorzugte sie ...
Was haben sich die Kinder
zu Schulden kommen lassen,
dass sie soviel Leid erfahren?

22.4.2004,
Botschaft des Papstes
zur Fastenzeit

Es ist wichtig,
dass ihr alle leidenschaftlich
nach der Wahrheit sucht und
zu ihren unerschrockenen Zeugen werdet.
Ihr dürft euch nie mit Lüge,
Falschheit oder Kompromissen abfinden!
Setzt euch heftig gegen die Leute zur Wehr,
die eure Intelligenz einfangen wollen
oder euer Herz mit Aussagen
und Vorschlägen umgarnen wollen,
die euch hörig machen
gegenüber Konsumdenken,
zügellosem Sex und Gewalt.
Sie drängen euch in die Leere
der Einsamkeit und führen euch
in das Labyrinth einer Kultur des Todes.

Botschaft des Papstes
am Karfreitag 2005

Ich bin froh –
seid ihr es auch!

1. April 2005,
auf einem Zettel

TESTAMENT

Begonnen wurde das Testament von Papst Johannes Paul II. am 6. März 1979. Im Laufe der Jahre wurde es durch verschiedene Hinzufügungen ergänzt.

Totus tuus ego sum (Ich bin ganz dein).
Im Namen der Heiligsten Dreifaltigkeit. Amen.
„Wachet, denn ihr wisst nicht, an welchem Tag euer Herr kommen wird" (Mt 24, 42) – diese Worte erinnern mich an den letzten Ruf, der mich in dem Augenblick, den der Herr dafür bestimmt hat, ereilen wird. Ich will ihm folgen, und ich wünsche, dass alles, was Teil meines irdischen Lebens ist, mich auf diesen Moment vorbereiten möge. Ich weiß nicht, wann er kommen wird, aber wie alles andere, lege ich auch diesen Moment in die Hände der Mutter meines Meisters: Totus Tuus. In den gleichen mütterlichen Händen lasse ich alles und alle, mit denen mich mein Leben und meine Berufung in Kontakt gebracht haben. In diesen Händen lasse ich vor allem die Kirche und auch meine Nation und die ganze Menschheit. Ich danke allen. Ich bitte alle um Verzeihung. Ich bitte auch um Gebet, damit die Barmherzigkeit Gottes sich größer erweisen möge als meine Schwächen und Unwürdigkeiten.
Während der geistlichen Exerzitien habe ich das Testament des Heiligen Vaters Pauls VI. wieder gelesen. Diese Lektüre hat mich dazu gedrängt, dieses Testament zu verfassen.

Ich hinterlasse keinen Besitz irgendwelcher Art, für den Anweisungen nötig wären. Was die Dinge des täglichen Gebrauchs betrifft, die mir gedient haben, bitte ich darum, sie zu verteilen, wie es angemessen erscheint. Die privaten Notizen mögen verbrannt werden. Ich bitte darum, dass über all dies Don Stanislao (Dziwisz) wachen möge, dem ich für die so langjährige und verständnisvolle Zusammenarbeit und Hilfe danke. Alle anderen Danksagungen hingegen behalte ich im Herzen vor Gott selbst, denn es ist schwierig, sie auszudrücken.

Was die Beerdigung betrifft, wiederhole ich die gleichen Verfügungen, die der Heilige Vater Paul VI. gegeben hat. (Hier eine Notiz am Rand: das Grab in der Erde, nicht in einem Sarkophag, 13.3.92). „apud Dominum misericordia et copiosa apud Eum redemptio“ *(Beim Herrn ist Barmherzigkeit und reiche Erlösung).*

Johannes Paul II.
Rom, 6. März 1979

Nach dem Tod bitte ich um Heilige Messen und Gebete.

5. März 1990

Undatiertes Blatt:
Ich drücke mein tiefstes Vertrauen aus, dass der Herr mir trotz all meiner Schwäche jede nötige

Gnade verleihen wird, um seinem Willen entsprechend jeder Aufgabe, Prüfung und Leiden zu begegnen, die er von seinem Diener im Laufe des Lebens wird fordern wollen. Ich vertraue auch darauf, dass er nie zulassen wird, dass ich durch meine Haltung in Worten, Gedanken oder Werken meine Pflichten auf diesem Heiligen Stuhl des Petrus verraten könnte.

24. Februar – 1. März 1980
Auch während dieser geistlichen Exerzitien habe ich nachgedacht über die Wahrheit des Priestertums Christi, aus der Perspektive dieses Hinübergangs, der für jeden von uns der Augenblick des eigenen Todes sein wird. Das eloquente (darüber geschrieben: entschiedene) Zeichen für den Abschied von dieser Welt – um zur anderen geboren zu werden, zur künftigen Welt, ist für uns die Auferstehung Christi.

Ich habe also die Aufzeichnung meines Testamentes vom letzten Jahr gelesen, die ebenfalls während der geistlichen Exerzitien gemacht wurde – ich habe sie verglichen mit dem Testament meines großen Vorgängers und Vaters Pauls VI., mit diesem sublimen Zeugnis vom Tod eines Christen und eines Papstes – und ich habe in mir das Bewusstsein der Fragen erneuert, auf die sich die Aufzeichnung vom 6. März 1979, die ich (in eher provisorischer Weise) vorbereitet habe, verglichen.

Heute möchte ich dem nur das Eine hinzufügen, dass jedem die Perspektive des Todes klar sein muss. Und er muss bereit sein, vor dem Herrn und Richter – und gleichzeitig Erlöser und Vater zu stehen. So denke auch ich ständig daran und vertraue diesen entscheidenden Moment der Mutter Christi und der Kirche an – der Mutter meiner Hoffnung.

Die Zeiten, in denen wir leben, sind unsagbar schwierig und beunruhigend. Schwierig und angespannt ist auch der Weg der Kirche geworden, eine charakteristische Prüfung dieser Zeit – für die Gläubigen wie für die Hirten. In einigen Ländern (wie z. B. in denen, über die ich während der geistlichen Exerzitien gelesen habe) erlebt die Kirche eine derartige Epoche der Verfolgung, dass sie gegenüber jener der ersten Jahrhunderte in nichts zurücksteht, ja sie im Grad der Erbarmungslosigkeit und des Hasses sogar noch in den Schatten stellt. Sanguis martyrum – semen christianorum *(Das Blut der Märtyrer ist der Same neuer Christen)*. Und dann – wie viele unschuldige Personen verschwinden, auch in diesem Land, in dem wir leben ...

Ich will mich noch einmal vollkommen der Gnade des Herrn anvertrauen. Er selbst wird entscheiden, wann und wie ich mein irdisches Leben und den Hirtendienst beenden soll. Im Leben wie im Tod Totus Tuus durch die Unbefleckt Empfangene. Ich akzeptiere schon jetzt diesen Tod und hoffe, dass

Christus mir die Gnade für den letzten Übergang, das heißt für (mein) Ostern geben möge. Ich hoffe auch, dass er ihn auch für diese wichtigere Sache gewinnbringend machen wird, der ich zu dienen versuche: das Heil der Menschen, die Bewahrung der Menschheitsfamilie, und darin aller Nationen und Völker (unter ihnen wende ich mich auch in besonderer Weise an mein irdisches Vaterland), gewinnbringend für die Personen, die er mir besonders anvertraut hat, für die Frage der Kirche, für die Ehre Gottes selbst.
Ich will dem nichts hinzufügen, was ich vor einem Jahr geschrieben habe – nur diese Bereitschaft und gleichzeitig dieses Vertrauen ausdrücken, die mir die derzeitigen geistlichen Exerzitien von neuem gegeben haben.

Johannes Paul II.
Totus Tuus ego sum
5. März 1982

Im Lauf der geistlichen Exerzitien dieses Jahres habe ich (mehrmals) den Text des Testaments vom 6. März 1979 gelesen. Obwohl ich es derzeit für provisorisch (nicht definitiv) halte, lasse ich es in der Form, die es hat. Ich ändere (im Moment) nichts und füge auch nichts hinzu, was die darin enthaltenen Verfügungen betrifft.

Das Attentat auf mein Leben vom 13. Mai 1981 hat in gewisser Weise bestätigt, dass die während der geistlichen Exerzitien von 1980 geschriebenen Worte (24. Februar – 1. März) zutreffend waren.

Umso tiefer fühle ich, dass ich völlig in den Händen Gottes bin – und ich bleibe ständig zur Verfügung meines Herrn, dem ich mich auch in seiner unbefleckten Mutter (Totus Tuus) anvertraue.

Johannes Paul II.

5. März 1982

Im Zusammenhang mit dem letzten Satz meines Testaments vom 6. März 1979 („Über den Ort / den Ort nämlich des Begräbnisses / möge das Kardinalskollegium und meine Landsleute entscheiden") – kläre ich hiermit, was ich im Sinn habe: Der Erzbischof von Krakau oder der Generalrat der polnischen Bischöfe – das Kardinalskollegium bitte ich derweil, soweit wie möglich die Bitten der oben Aufgeführten zu erfüllen.

1. März 1985 (während der geistlichen Exerzitien)

Noch einmal – was den Begriff „Kardinalskollegium und meine Landsleute" betrifft: Das „Kardinalskollegium" ist in keiner Weise verpflichtet, in dieser Frage „meine Landsleute" zu befragen; es kann das tun, wenn es dies aus irgendeinem Grund für gerechtfertigt hält.

JPII

Die geistlichen Exerzitien im Jubeljahr 2000
(12. – 18. März)
(für das Testament)

1. Als am 16. Oktober 1978 das Kardinalskonklave Johannes Paul II. wählte, sagte mir der polnische Primas, Kardinal Stefan Wyszynski: „Die Aufgabe des neuen Papstes wird es sein, die Kirche ins dritte Jahrtausend zu führen.“ Ich weiß nicht, ob ich den Satz genau wiedergebe, aber das war zumindest der Sinn dessen, was ich damals hörte. Das sagte der Mann, der als der Primas des Millenniums in die Geschichte eingegangen ist. Ein großer Primas. Ich war Zeuge seiner Mission, seiner totalen Hingabe. Seiner Kämpfe, seiner Siege. „Wenn der Sieg kommt, wird er ein Sieg sein durch Maria“ – diese Worte seines Vorgängers, des Kardinals August Hlond, pflegte der Primas des Millenniums zu wiederholen.

Auf diese Weise war ich in gewisser Hinsicht vorbereitet auf die Aufgabe, die sich mir am 16. Oktober 1978 stellte. Im Moment, in dem ich diese Worte schreibe, ist das Heilige Jahr 2000 schon eine Realität. In questo modo sono stato in qualche maniera preparato al compito che il giorno 16 ottobre 1978 si è presentato davanti a me *(Auf diese Weise war ich in gewisser Hinsicht vorbereitet auf die Aufgabe, die sich mir am 16. Oktober 1978 stellte)*. In der Nacht des 24. Dezember 1999 ist die symbolische Tür des Heiligen Jahres in der Petersbasilika geöffnet worden, anschließend die von San Giovanni in Laterano, dann die von Santa Maria Maggiore – an Silvester, und am 19. Januar die Hl. Pforte der Basilika von Sankt Paul „vor den Mauern". Dieses letzte Ereignis ist wegen seines ökumenischen Charakters in besonderer Weise im Gedächtnis geblieben.

2. Je mehr das Heilige Jahr 2000 fortschreitet, schließt sich hinter uns das zwanzigste Jahrhundert und öffnet sich das 21. Jahrhundert. Nach den Plänen der Vorsehung wurde es mir gegeben, im schwierigen Jahrhundert zu leben, das jetzt in die Vergangenheit eingeht, und jetzt, in dem Jahr, in dem mein Leben das achtzigste Jahr erreicht („octogesima adveniens"), muss man sich fragen, ob es nicht Zeit ist, mit dem biblischen Simeon zu sagen: „Nunc dimittis" (*„Nun lässt du, Herr, deinen Knecht, wie du gesagt hast, in Frieden scheiden. Denn meine Augen haben das Heil gesehen ..." Lk 2,29).*

Am 13. Mai 1981, dem Tag des Attentats auf den Papst während der Generalaudienz auf dem Petersplatz, hat mich die Göttliche Barmherzigkeit auf wunderbare Weise vor dem Tod bewahrt. Er, der der einzige Herr des Lebens und des Todes ist, hat mir dieses Leben verlängert, in gewisser Weise hat er es mir neu geschenkt. Seit diesem Augenblick gehört es ihm noch mehr. Ich hoffe, er wird mir helfen, zu erkennen, bis wann ich diesen Dienst fortführen soll, zu dem er mich am 16. Oktober 1978 berufen hat. Ich bitte ihn, mich zurückzurufen, wann er selbst es will. „Leben wir, so leben wir dem Herrn … wir gehören dem Herrn" (Röm 14, 8). Ich hoffe auch, dass die Göttliche Barmherzigkeit mir die nötigen Kräfte für diesen Dienst geben wird, solange es mir gegeben sein wird, den Petrusdienst in der Kirche auszuüben.

3. Wie jedes Jahr während der geistlichen Exerzitien habe ich mein Testament vom 6. März 1979 gelesen. Ich halte die darin enthaltenen Verfügungen weiter aufrecht. Das, was jetzt und auch während der früheren geistlichen Exerzitien hinzugefügt worden ist, stellt eine Betrachtung über die schwierige und angespannte allgemeine Lage dar, die die achtziger Jahre geprägt hat. Seit dem Herbst 1989 hat sich diese Lage geändert. Das letzte Jahrzehnt des vergangenen Jahrhunderts war frei von den früheren Spannungen; das heißt nicht, dass es nicht neue Probleme und Schwierigkeiten mit sich gebracht hätte. In besonderer Weise sei der Göttlichen Vorsehung Lob dafür, dass die Zeit des so genannten „Kalten Kriegs" vorüber ist ohne den gewaltsamen Atomkonflikt, dessen Gefahr in der vorübergegangenen Epoche auf der Welt lastete.

4. Auf der Schwelle des dritten Jahrtausends „in medio Ecclesiae" *(in der Mitte der Kirche)* stehend, will ich noch einmal dem Heiligen Geist Dankbar-

keit ausdrücken für das große Geschenk des Zweiten Vatikanischen Konzils, in dessen Schuld ich mich zusammen mit der ganzen Kirche – und vor allem dem ganzen Episkopat – fühle. Ich bin davon überzeugt, dass noch lange die neuen Generationen aus dem Reichtum schöpfen werden, den dieses Konzil des 20. Jahrhunderts uns angehäuft hat. Als Bischof, der am Konzilsereignis vom ersten bis zum letzten Tag teilgenommen hat, will ich dieses große Erbe allen anvertrauen, die jetzt und in Zukunft dazu gerufen sein werden, es umzusetzen. Ich für meinen Teil danke dem ewigen Hirten, der mir erlaubt hat, dieser großen Sache in all diesen Jahren meines Pontifikates zu dienen.

„In medio Ecclesiae" ... von den ersten Tagen des bischöflichen Dienstes an ist es mir – dank dem Konzil – gegeben worden, die brüderliche Gemeinschaft im Bischofsamt zu erleben. Als Priester des Erzbistums Krakau hatte ich erfahren, was die brüderliche Gemeinschaft der Priester untereinander bedeutet – das Konzil hat eine neue Dimension dieser Erfahrung eröffnet.

Wie viele Personen müsste ich hier aufzählen! Vielleicht hat der Herr, unser Gott, die Mehrzahl von ihnen zu sich gerufen – was die betrifft, die sich noch auf dieser Seite befinden, mögen die Worte dieses Testaments an sie erinnern, sie alle, überall, wo sie sich befinden mögen.

Im Lauf der mehr als zwanzig Jahre, in denen ich den Petrusdienst „in medio Ecclesiae" leiste, habe ich die großzügige und so überaus fruchtbare Mitarbeit von so vielen Kardinälen, Erzbischöfen und Bischöfen erfahren, so vielen Priestern, so vielen geweihten Personen – Brüdern und Schwestern – schließlich so vielen Laien, in der Kurie, im Vikariat des Bistums Rom und außerhalb dieser Kreise.

Wie könnte ich nicht mit dankbarer Erinnerung alle Episkopate in der Welt umarmen, mit denen ich mich in den einander ablösenden Besuchen „ad limina Apostolorum" *(an den Gräbern der Apostel)* getroffen habe! Wie könnte ich nicht an die vielen christlichen Brüder erinnern – die nichtkatholischen! Und den Rabbiner von Rom und so viele Vertreter der nichtchristlichen Religionen! Und die vielen Vertreter der Welt der Kultur, der Wissenschaft, der Politik, der Medien!

6. Jetzt, wo sich das Ende meines irdischen Lebens nähert, kehre ich in meiner Erinnerung zum Anfang zurück, zu meinen Eltern, meinem Bruder und meiner Schwester (die ich nicht kennen gelernt habe, weil sie vor meiner Geburt starb), zur Pfarrei von Wadowice, wo ich getauft worden bin, zu jener Stadt meiner Liebe, zu meinen Altersgenossen, zu meinen Mitschülerinnen und Mitschülern in der Grundschule, im Gymnasium, an der Uni, bis zu den Zeiten der Besetzung, als ich als Arbeiter tätig war,

und dann an zur Pfarrei von Niegowic, zu St. Florian in Krakau, zur Akademiker-Seelsorge, zum Kreis ... zu allen Kreisen ... in Krakau und Rom ... zu allen Personen, die mir der Herr in besonderer Weise anvertraut hat. Allen möchte ich das eine sagen: „Gott vergelte es euch".

„In manus Tuas, Domine, commendo spiritum meum" *(In deine Hände, Herr, empfehle ich meinen Geist).*

A.D.
17. März 2000

Übersetzung: Radio Vatikan *(mit Übersetzungen und Anmerkungen des Hg.)*

Fotos: Associated Press/ AP S. 13, 51; Deutsche Presse Agentur/ dpa S. 5, 9, 11, 15, 19, 21, 23, 25, 27, 29, 31, 33, 35, 37, 43, 45, 47, 49; Ullstein-Reuters S. 7, 39, 41.

Bibliografische Information Der Deutschen Bibliothek

Die Deutsche Bibliothek verzeichnet diese Publikation in der Deutschen Nationalbibliografie; detaillierte bibliografische Daten sind im Internet über http://dnb.ddb.de abrufbar.

Gesamtgestaltung: Atelier Lehmacher, Friedberg (Bay.)
Umschlagfoto: KNA
Textauswahl: Bernhard Meuser
Lektorat: Michael Schönberger
Reproduktionen: Atelier Lehmacher, Friedberg (Bay.)
Druck und Bindung: Appl, Wemding
Printed in Germany

ISBN 3-629-02131-X

www.pattloch.de